12 AUTHORS
WHO CHANGED THE WORLD

by Elaine A. Kule

12 STORY LIBRARY

www.12StoryLibrary.com

12-Story Library is an imprint of Peterson Publishing Company and Press Room Editions.

Produced for 12-Story Library by Red Line Editorial

Photographs ©: Chuck Burton/AP Images, cover, 1, 6; Seth Wenig/AP Images, 4; Ed Kashi/Corbis, 5; Kevork Djansezian/Reuters/Corbis, 7; Bettmann/Corbis, 8, 10, 15, 29; Fuse/Thinkstock, 9, 28; retroimages/iStockphoto, 11; Library of Congress, 12, 22; G. H. Houghton/Library of Congress, 13; Greg Smith/AP Images, 14; Christy Bowe/ZumaPress/Corbis, 16; Richard Levine/Demotix/Corbis, 17; AP Images, 19; William Sharp/Library of Congress, 20; Thomas Paine/Library of Congress, 21; Igor Bulgarin/Shutterstock Images, 23; Hulton-Deutsch Collection/Corbis, 24; Dorothea Lange/Library of Congress, 25; Geo. F. Parlow/Library of Congress, 26; hlnicaise/iStockphoto, 27

ISBN
978-1-63235-144-9 (hardcover)
978-1-63235-185-2 (paperback)
978-1-62143-237-1 (hosted ebook)

Library of Congress Control Number: 2015934282

Printed in the United States of America
Mankato, MN
June, 2015

Go beyond the book. Get free, up-to-date content on this topic at 12StoryLibrary.com.

TABLE OF CONTENTS

SHERMAN ALEXIE WRITES ABOUT BEING AN AMERICAN INDIAN

Sherman Alexie is an American Indian writer. He writes poetry, short stories, and novels. Alexie shares his experience as an American Indian. His work has helped people of all ages, including children, understand American Indian life.

Alexie was born in 1966. He is a member of the Spokane/Coeur d'Alene tribe. He grew up on a reservation in Washington. He learned about American Indian poetry at college. He decided to give writing poems a try. He published his first book in 1992. *The Business of Fancydancing: Stories and Poems* earned praise from readers.

His next work arrived in 1993. *The Lone Ranger and Tonto Fistfight in Heaven* is a collection of short stories. The stories have modern American Indian characters. They describe what it is like to live as an American Indian in the United States. The collection won the Pen/ Hemingway Award. The award is an important writing prize.

Alexie accepts the National Book Award in 2007.

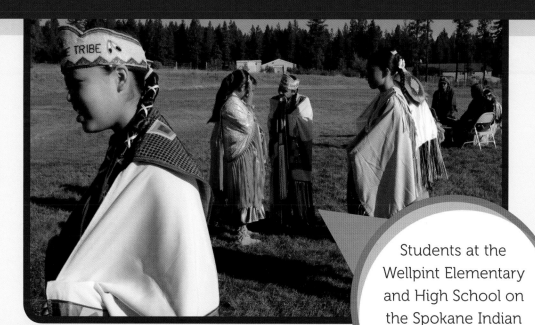

Students at the Wellpint Elementary and High School on the Spokane Indian Reservation, where Alexie grew up

Then, Alexie borrowed from his life to write a novel in 2007. *The Absolutely True Diary of a Part-Time Indian* is a young-adult novel. It describes a teen's life on a reservation. The novel won the National Book Award for Young People's Literature in 2007. Alexie's work has attracted a variety of readers. He gives readers all over the world a look into modern American Indian life.

12
Number of poetry collections Alexie has authored.

- Alexie grew up on a reservation in Washington and wrote about his experiences.
- He has given readers a valuable look into modern American Indian life.
- His work has earned several prizes for excellent writing.

THINK ABOUT IT

Why would authors write about their experiences? How might people benefit from reading about others? How can reading about various groups change the world?

MAYA ANGELOU SHARES HER LIFE STORY

Maya Angelou was an author and poet. She wrote her first autobiography in 1969. It is called *I Know Why the Caged Bird Sings*. The book was popular with a wide range of readers.

Angelou was born Marguerite Johnson in 1928. She changed her name during a brief career as a singer. She spent part of her childhood in the American South. In the South, Angelou experienced racism. She decided to write about her experiences in 1969. *I Know Why the Caged Bird Sings* revealed her difficult childhood through age 16. The book sold more than 1 million copies. Readers learned what it was like to grow up as an African American in the South.

Angelou wrote six other memoirs. She also wrote essays. The essays in *Letter to My Daughter* were intended for female readers. In the book, Angelou shared her experiences and poetry. She wrote

Angelou wrote about her experiences as an African-American girl in the South.

her last book, *Mom and Me and Mom*, in 2013. It is a collection of essays. They share Angelou's thoughts on her relationship with her mother.

Angelou's writing helped people understand what life was like for African Americans in the mid-twentieth century. Americans and others across the world read her books. She has been recognized by several world leaders. In 1993, Angelou read one of her poems at the swearing-in of President Bill Clinton. She was the first woman to have that honor. She received the Presidential Medal of Freedom from President Barack Obama in 2011. Maya Angelou died in 2014 at age 86. Her writing continues to tell her story to millions of readers.

Angelou's books continue to be popular with readers of all ages.

THINK ABOUT IT

Maya Angelou wrote about her own personal experiences. Those experiences help readers understand US history through the eyes of people who lived it. Why is it valuable to learn history through personal stories?

2

Number of years *I Know Why the Caged Bird Sings* appeared on the *New York Times* Paperback Nonfiction Bestseller list.

- Angelou wrote poems, autobiographies, and essays about her life as an African American in the United States.
- Her writing attracted readers worldwide.
- She received the Presidential Medal of Freedom for her writing.

RACHEL CARSON HELPS PROTECT THE ENVIRONMENT

Rachel Carson was born in 1907. She grew up in the Pennsylvania countryside. Carson had a love of nature. She earned a graduate degree in science. But she also enjoyed writing. She got a job writing and editing pamphlets on nature for the US government.

Carson authored three books about the ocean. She published one, *The Sea Around Us*, in 1951. The bestseller described the ocean and research being done to understand it. People enjoyed reading Carson's engaging writing. It read more like a novel than a book about science.

But Carson published her most famous book in 1962. *Silent Spring* uncovered the dangers of the chemical DDT. DDT kills insects that destroy crops. But it also has a harmful effect on humans and other animals. Carson's book caused people to speak out about the use of DDT. In 1972, the US government banned the use of DDT.

Carson's writing helped people become aware of the impact humans have on the environment.

Today, many people celebrate Earth Day by cleaning up.

Carson died in 1964. But her work continued to make an impact. Her books helped start the environmentalism movement of the 1960s. She helped inspire the creation of Earth Day.

2 million

Number of copies of *Silent Spring* sold between 1962 and 2012.

- Carson wrote books to help readers understand how humans affect the environment.
- She brought awareness about the harmful effects DDT.
- Her work helped the public pressure the government into passing laws to protect the environment.

CARSON INSPIRES THE US GOVERNMENT

Carson's impact extended beyond the American public. Her work also influenced government action. President Nixon established the Environmental Protection Agency (EPA) in 1970. The government also passed laws supporting clean water and air.

CHARLES DICKENS USES STORIES TO EXPOSE INJUSTICE

Charles Dickens was born in 1812. He and his family lived in London. They were very poor. Dickens had to work in a factory at age 12. He could not live with his family. He felt lonely and unhappy. He never forgot his terrible experience.

Dickens's hard work helped make him a successful author.

Reading was one of his few joys. As an adult, he used his childhood memories to create stories. His novel *Oliver Twist* is about a boy who lived with other homeless children. The main character in *David Copperfield* works in a factory during his childhood. *A Tale of Two Cities* shows the unfair differences between the rich and poor. Readers liked his interesting characters and clever storytelling. His writing helped readers understand how difficult life was for the poor.

Dickens's novels often took place in poor areas of London, such as the Golden Buildings featured in *David Copperfield*.

Dickens never wanted to be poor again. He worked hard. He owned and edited magazines that published his stories. He traveled the world to read his books to others. Dickens also helped the poor. He raised money and campaigned for better schools. He worked to get better housing for poor families. He wanted cleaner urban neighborhoods.

The author died in 1870. But his books are still popular around the world today. Several became plays, films, and musicals.

14
Number of novels Dickens completed.

- Dickens used childhood experiences to write novels and stories.
- His popular books showed people what it was like to be poor in London.
- Dickens's work helped lead to improvements in poor London neighborhoods.

FREDERICK DOUGLASS EXPOSES THE EVILS OF SLAVERY

Frederick Douglass was born a slave in Maryland in 1818. Slave owners did not let slaves have an education. But Douglass secretly learned how to read and write. He found the *Colombian Orator.* The book helped shape his adult life. It explained how good speaking and writing skills could help him change society. He used this knowledge to help end slavery.

Douglass escaped to freedom when he was 20 years old. He changed his name to prevent anyone from finding him. He spoke at anti-slavery meetings. He wrote three books about his life. The books helped people understand why slavery was wrong. *Narrative of the Life of Frederick Douglass, an American Slave* was published in 1845. It was popular with readers. Ten years later, Douglass published *My Bondage and My Freedom.*

He wrote his third autobiography in 1881. *Life and Times of Frederick Douglass, Written by Himself* discussed his later accomplishments. By 1881, slavery had been illegal for nearly 20 years. But the fight for equal rights had just

Douglass's autobiographies helped people see how difficult life was for slaves in the United States.

begun. One issue was education. Douglass tried to get black students allowed into more public schools. That struggle continued long after the author's death in 1895.

Douglass's remarkable life story helped people understand what slaves lived through. His books helped bring an end to slavery. Douglass inspired people to improve the lives of African Americans.

Douglass's writing helped bring an end to slavery in the American South.

20

Number of years Douglass was enslaved in Maryland.

- Douglass was born a slave but secretly learned to read and write.
- His three autobiographies described the evils of slavery.
- His work helped improve living conditions for African Americans after the end of slavery.

DOUGLASS IN EUROPE

Frederick Douglass was a famous writer in the United States. But he was also popular in Europe. After he published his first autobiography, he visited Europe. He spoke about his life in England, Ireland, and Scotland. His lectures were very popular. His speaking helped increase support in Europe for ending slavery in the United States.

6

BETTY FRIEDAN STANDS UP FOR WOMEN

Betty Friedan was a supporter of equal rights for women. She led the fight for women's rights in the mid-twentieth century. She wrote books explaining her views. Many people, including other women, read them. They inspired these people to fight for women's rights.

Friedan was born in 1921. She lived with her family in Illinois. She was a gifted student. She attended Smith College, a respected school for women. Fifteen years after she graduated, Friedan sent questions to women in her graduating class. She asked about their lives since leaving school. Friedan discovered that most of the women seemed unhappy. At the time, most women did not work outside the home. When they did, they found few jobs were considered acceptable for women to hold. Her fellow graduates were educated women who had wanted careers. Instead, many were housewives. Friedan wondered if other women also felt this way. She sent the same questions to women from other colleges. They were unhappy, too.

She published her findings as a book in 1963. *The Feminine*

Friedan at the National Women's Conference in 1977

Women march in support of women's rights in New York in 1971.

Mystique helped start the women's rights movement of the 1960s and 1970s. It sold millions of copies. People still read it. Today, more women have choices about whether or not to work outside the home. They have opportunities that women in the 1950s did not.

Friedan wrote five other books. She authored *The Second Stage* in 1981. It recognized the difficulty of balancing a career and a family. She called her 2000 autobiography *Life So Far: A Memoir*. Friedan died in 2006 at age 85.

5

Years Friedan spent writing *The Feminine Mystique*.

- Friedan's *The Feminine Mystique* started the women's rights movement of the 1960s and 1970s.
- Friedan's work helped improve the lives of women.
- People continue to read her books today.

THINK ABOUT IT

When Friedan wrote *The Feminine Mystique*, society believed a woman's place was in her home. How have women's roles changed since 1963? Do you believe Friedan and the women's movement's work is complete? Why or why not?

HARPER LEE'S NOVEL EXPOSES RACISM

Harper Lee wrote *To Kill a Mockingbird* in 1960. The novel exposed racism in the southern United States. The novel was eventually translated into several languages. It changed the way people thought about racism.

Lee was born in 1926. She grew up in Alabama. Her father was a lawyer there. Lee attended law school but decided to quit. She wanted to be a writer. She moved to New York City in 1949 to fulfill her goal.

Lee at the White House to receive the Presidential Medal of Freedom in 2007

THE PULITZER PRIZE

Joseph Pulitzer was a newspaper publisher in the nineteenth century. He wanted to recognize good writing. He set aside money for prizes before his death in 1904. Special judges name the winners annually. Winning the Pulitzer Prize is a great honor for an author.

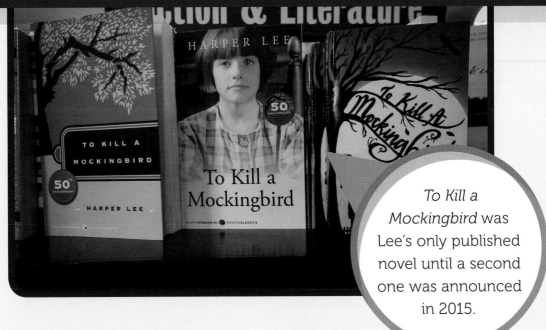

To Kill a Mockingbird was Lee's only published novel until a second one was announced in 2015.

An agent helped her shape what would be *To Kill a Mockingbird*. The story takes place in Alabama in the 1930s. It follows the trial of an African-American man. It is told by a young girl. The novel increased awareness about the need for equal civil rights. *To Kill a Mockingbird* was a huge success. It received the Pulitzer Prize for fiction in 1961. It also became a highly praised movie.

30 million

Approximate number of *To Kill a Mockingbird* copies sold since 1960.

- Lee's novel exposed injustices toward African Americans in the southern United States.
- It won the Pulitzer Prize for fiction in 1961.
- Lee received the Presidential Medal of Freedom in 2007.

Lee received the Presidential Medal of Freedom in 2007. It is the highest honor American civilians can receive. *To Kill a Mockingbird* continues to sell almost 1 million copies a year. People still enjoy the film. Fan mail arrives by the thousands to Lee's hometown. Her novel has impacted many people's thoughts on racism.

GEORGE ORWELL WARNS AGAINST ABUSIVE GOVERNMENT

George Orwell was a British author. He believed there should be limits to the control the government had over the public. He wanted a just society. Orwell wrote novels based on his beliefs. They took place in worlds where governments have too much control over their citizens.

Orwell was born in 1903. His real name was Eric Blair. He decided to create a pen name. Some authors use pen names for their published work. He became famous after writing *Animal Farm* in 1945. The novel is about animals that fight against their cruel human owner. Then the animals create a government that becomes equally cruel. Orwell used this story to show his dislike of the Russian government. The novel became a bestseller overnight. In two years, the book had sold 500,000 copies. It was translated into 60 languages.

PRIZES NAMED AFTER ORWELL

There are yearly prizes named after George Orwell. One is from the National Council of Teachers of English. The American educators started granting the George Orwell Award in 1975. A British group presents the Orwell Prize. Their program began in 1994. Both rewards are for clear and honest writing about current issues.

People all over the world were reading it.

His next book was *Nineteen Eighty-Four*. Published in 1949, the novel is set in the 1980s. In it, evil rulers lead the world. They try to control the minds of its citizens. The novel was a huge success. In one year, nearly 250,000 copies had sold in the United States. *Big Brother* and *thought police* are phrases from the novel that became part of the English language.

Orwell died in 1950 after a long illness. Readers still mention him when they speak about the role of government. His novels are big sellers. Many people believe Orwell's fears about governments could come true.

Orwell's novels led people to think about the role government should have in their lives.

3

Number of years it took Orwell to write *Nineteen Eighty-Four.*

- The novel *Animal Farm* made Orwell famous.
- Phrases from *Nineteen Eighty-Four* became part of the English language.
- His stories helped people feel more comfortable speaking against the government.

THOMAS PAINE WRITES FOR LIBERTY

Thomas Paine wrote essays supporting the American colonies and human rights. In 1776, he authored a pamphlet called *Common Sense*. It urged the colonies to break away from English rule.

Paine wrote a series of pamphlets called *The American Crisis* during the American Revolution (1775–1783). The first one included this sentence: "These are the times that try men's souls." It helped lift Americans' spirits during the American Revolution. It is still repeated today.

Paine was born in England in 1737. He collected taxes for the British government. Paine was unhappy in his job. He wrote an essay in 1772 arguing that tax collectors should be paid more. Two years later, he met American colonist Benjamin Franklin. Franklin helped Paine move to Philadelphia, Pennsylvania, in 1774.

Paine joined Franklin's anti-slavery group in 1775. Pennsylvania became the first state to ban slavery five years later. In 1776, Paine wrote *Common Sense*. He also joined

Paine's writing was popular in the American colonies.

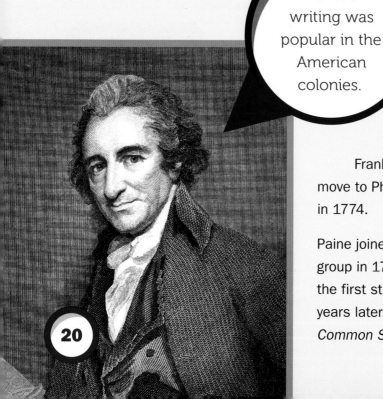

6

Months between the publication of *Common Sense* and the Declaration of Independence.

- Paine wanted freedom for everyone.
- He used simple language to express his ideas.
- His efforts led to American independence from England.

the Continental Army to fight on the side of the colonists. But after the war, Paine did not stay in the United States. He moved back to Europe. He wrote essays in favor of the French Revolution (1789–1799). One, *Rights of Man*, was written in 1791. In it, Paine argued governments must serve and protect their people.

Though Paine died in 1809, his work continues to influence the world. His pamphlets helped create the United States. They encouraged the French in their struggle for liberty. His skillful writing expressed his ideas. He used simple language

that helped people understand him. Paine's writing inspired others to write their own essays.

The title page of Paine's pamphlet *Common Sense*

COMMON SENSE;

ADDRESSED TO THE

INHABITANTS

OF

AMERICA,

On the following interesting

SUBJECTS.

I. Of the Origin and Design of Government in general, with concise Remarks on the English Constitution.

II. Of Monarchy and Hereditary Succession.

III. Thoughts on the present State of American Affairs.

IV. Of the present Ability of America, with some miscellaneous Reflections.

Man knows no Master save creating HEAVEN,
Or those whom choice and common good ordain.
THOMSON.

PHILADELPHI

Printed, and Sold, by R. BELL, in

MDCCLXXVI.

WILLIAM SHAKESPEARE COINS NEW WORDS AND PHRASES

People have enjoyed the plays and poems of William Shakespeare for more than four centuries. Many consider him the greatest writer the world has ever known. He created characters people remember. He wrote dramas that are dark, sad, and sometimes scary. Many people still find Shakespeare's comedies funny today.

Shakespeare was born in 1564. He and his wife, Anne, had three children. Over time, Shakespeare decided to become an actor. He traveled to London, England, where he joined an acting group. The men performed plays Shakespeare and other authors wrote. The group became successful. In 1599, the actors founded the Globe Theatre in London.

Often, Shakespeare wrote plays about families, love, and history. Popular ones include:

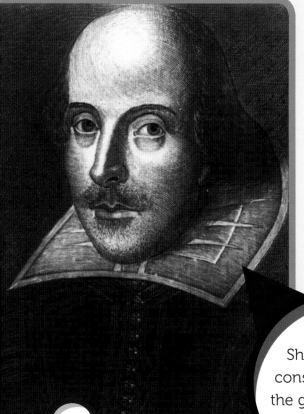

Shakespeare is considered one of the greatest writers in history.

Shakespeare's plays have been turned into movies and even ballets.

Much Ado about Nothing, *Romeo and Juliet*, and *Macbeth*. He also wrote 154 sonnets. Sonnets are poems with 14 lines of words.

38

Number of plays Shakespeare wrote.

- Shakespeare's plays and poems have been popular for more than 400 years.
- His work is the most frequently read and performed in the world.
- He contributed words and phrases to the English language.

Shakespeare's writing has made a large impact on the world. He inspired other famous writers, including Charles Dickens and Maya Angelou. Actors still perform his plays today. Several of Shakespeare's plays have become movies.

English speakers use words that first appeared in Shakespeare's writing. Some of them are *countless*, *excellent*, and *well-read*. He also invented phrases that became part of everyday speech. Among them are *budge an inch*, *tongue-tied*, and *vanish into thin air*. No other writer has changed the English language as much as Shakespeare did.

JOHN STEINBECK EXPOSES HARDSHIPS OF MIGRANT WORKERS

John Steinbeck was born in California in 1902. His hometown, Salinas, was a farming community. He studied English in college and started a career as a reporter. He grew concerned about migrant workers while reporting for a local newspaper. These families suffered terrible living conditions. They were hungry. Steinbeck believed the government should help them. In 1936, he wrote a series of articles called "Harvest Gypsies." The articles brought attention to the problem.

He also wrote novels featuring migrant farmers. *Of Mice and Men* was written in 1937. It was about two friends who were migrant workers. They dreamed of

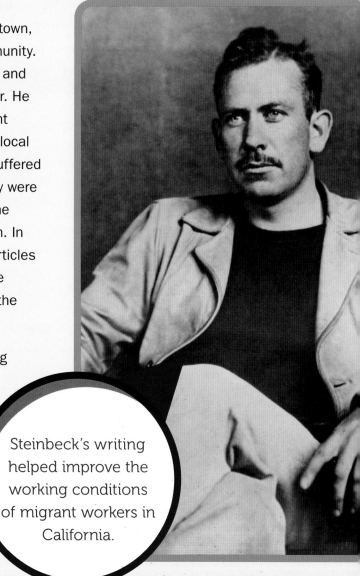

Steinbeck's writing helped improve the working conditions of migrant workers in California.

43

Number of languages *The Grapes of Wrath* has appeared in.

- Steinbeck wrote articles and books about migrant workers.
- He brought attention to their difficulties.
- He received important prizes for his work.

Workers at a migrant camp in California

owning a farm one day. But terrible events prevented that from ever happening. The novel was a success. It became a play and a movie. He published his next novel, *The Grapes of Wrath*, in 1939. It told the story of a struggling family who lost their home. They traveled to California seeking farmwork. It was an immediate hit with readers. In just a few months, nearly 500,000 copies had been printed. The novel earned the Pulitzer Prize.

Steinbeck wrote other novels as well. His last book was *Winter of Our Discontent*. He wrote it in 1961. Its title is a line from Shakespeare's play *Richard III*. The author received the Nobel Prize in Literature in 1962 for his writing. He died at his New York City home in 1968.

THE NOBEL PRIZE IN LITERATURE

The Nobel Prize in Literature awards great writing. A group of people decides who receives that honor. Writers collect their prize in December of that year. The program began in 1901. Alfred Nobel arranged for its funding before his death. He was a Swedish scientist who enjoyed literature.

HENRY DAVID THOREAU PROTESTS THROUGH WRITING

Henry David Thoreau was born in 1817. He lived in Concord, Massachusetts. Thoreau believed in peaceful protests. He thought it was the best way to change government. He wrote about his views. His essays have inspired people all over the world.

Thoreau wrote his first essay in 1849. *Civil Disobedience* came from Thoreau spending a night in jail. He had refused to pay taxes. It was Thoreau's way of protesting slavery.

Thoreau enjoyed writing. He also liked nature. He spent time sitting in nature. Thoreau filled journals with his observations. Soon, he wanted to try living more simply. He also needed a quiet place to write. He built a cabin on land owned by his friend Ralph Waldo Emerson. Thoreau lived there for two years. In 1854, he wrote about his time

Thoreau's essay *Civil Disobedience* continues to inspire people to seek peaceful change for their government.

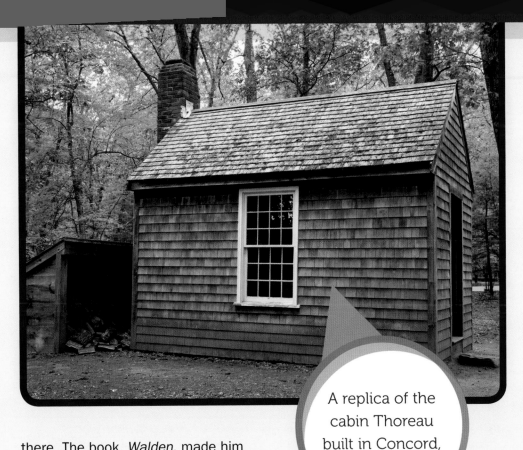

A replica of the cabin Thoreau built in Concord, Massachusetts

there. The book, *Walden*, made him famous.

The same year, Thoreau gave an anti-slavery speech. He called for an end to a government that allowed slavery. Later, he helped escaped slaves reach Canada.

Thoreau's idea of civil disobedience has changed the world. His writing would one day inspire Dr. Martin Luther King Jr. Mohandas Gandhi also applied Thoreau's ideas. In the early twentieth century, women marched peacefully in their quest for voting rights.

2 million
Number of words in Thoreau's journals.

- Thoreau believed in peaceful protests.
- He helped slaves escape to freedom.
- He inspired others to use civil disobedience.

HOW YOU CAN MAKE CHANGE

Protest Peacefully

Look around your school or neighborhood. See if something needs to be improved. Does your street need a stop sign? Can the school lunches be healthier? Write a polite letter to your local government or principal. Ask your family and friends if they would like to sign the letter too.

Help Others

Many authors write to help people in need. Ask a parent or caregiver to help you give books you no longer need to a children's charity. Ask an adult to volunteer with you at a soup kitchen. Work with classmates to organize a fundraiser for your favorite charity.

Every Day Is Earth Day

There are things you can do every day to help our planet. One way is not to waste paper. Another is to help your family recycle cans and bottles. Avoid littering. Start a poster campaign with friends at school to teach your classmates about recycling.

GLOSSARY

agent
A person who acts or does business for another.

autobiography
The story of someone's life written by the person it is about.

comedies
Amusing plays with happy endings.

dramas
Plays with serious tones or subjects.

environmentalism
The idea that nature should be protected and preserved.

essay
A written, shorter work that gives a personal view or opinion on a subject.

literature
Written works having excellence in form and ideas of lasting interest.

memoirs
Stories of a person's experience.

migrant
Someone who moves from place to place to find work.

pamphlet
A short, printed publication with no cover or with a paper cover.

protested
Said something or did something that shows disagreement.

racism
Violence or poor treatment of a group of people based on their race.

reservation
Land set aside by the US government as place for American Indians to live.

FOR MORE INFORMATION

Books

Dickins, Rosie. *Illustrated Stories from Shakespeare.* Tulsa, OK: Usborne, 2014.

Loewen, Nancy. *Sincerely Yours: Writing Your Own Letter.* Minneapolis: Picture Window Books, 2009.

Wilson, Edwin Graves, ed. *Poetry for Young People: Maya Angelou.* New York: Sterling, 2007.

Websites

The American Writers Museum
www.americanwritersmuseum.org/about

Congress for Kids: Is This Civil Disobedience or Isn't It?
www.congressforkids.net/citizenship_1_isthiscivildisob.htm

Shakespeare for Kids
www.folger.edu/Content/Teach-and-Learn/Shakespeare-for-kids

INDEX

About the Author

Elaine A. Kule has always enjoyed reading. Her favorite books growing up were the *Nancy Drew Mystery Stories* and *Little Women*. She writes fiction and nonfiction books and stories for children.

READ MORE FROM 12-STORY LIBRARY

Every 12-Story Library book is available in many formats, including Amazon Kindle and Apple iBooks. For more information, visit your device's store or 12StoryLibrary.com.

Het vieze boekje

Wroeten in de grond

Paulette Bourgeois

Kathy Vanderlinden

Illustraties: Martha Newbigging

Biblion Uitgeverij

Inhoud

Persoonlijk tintje

Vuil is overal. Het zit in de lucht, onder je bed, op straat en tussen je tenen. Al dat vuil overal om ons heen kost veel tijd om weg te werken. De strijd tegen vuil stopt nooit.

Stel, je bent net onder de douche geweest. Je bent helemaal schoon, toch? Echt niet! Zodra je onder het water vandaan komt, word je meteen weer vies. Een overzichtje van top tot teen waar het vuil zit, en hoe je lichaam ertegen strijdt:

• Je schedel produceert vet dat je haar en huid smeert. Aan het vet blijft vuil hangen.

• Vuil glipt in je oren, maar je oren hebben een natuurlijk vuilafweersysteem. Oorsmeer vangt het vuil voordat het je kwetsbare binnenoor kan bereiken.

• Stof waait je ogen in, maar je wimpers houden dit tegen. Lukt dit niet dan slaan je ruitenwissers aan – je knippert met je oogleden.

• Snuif een teug vuile lucht in en je neus komt in actie. Een voering van fijne haartjes filtert het vuil, opdat het niet bij je longen komt.

• Zweet verzamelt zich in je navel en pluisjes van je kleding plakken eraan vast. Het resultaat: navelpluis.

• Onder je nagels verzamelt het vuil zich. Krab je aan een schaafwondje of steek je een vieze vingernagel in je mond, dan geef je bacteriën en zelfs kleine parasieten vrij spel in je lichaam. De oplossing? Schrobben die nagels!

• Voor wat betreft het vuil tussen je tenen, vuil blijft hangen aan vocht. Zweten je voeten, dan trekken ze vuil aan.

Waarschuwing! Ben je overgevoelig, sla dit hoofdstuk dan over. Onder je nagels en om je heen ligt zoveel smerigheid op de loer dat je misschien meteen in een schoonmaak-woede uitbarst. En denk je dat water vuil wegwast, lees maar verder.

Zepen maar!

Je kunt boenen wat je wilt, maar met water word je nooit echt schoon. Dat komt zo: watermoleculen (deeltjes) zijn licht elektrisch geladen, waardoor ze andere watermoleculen aantrekken. De moleculen hechten zich en mengen zich niet met olie en vet.

Gebruik, om het vuil weg te krijgen, water met zeep. Zeep fungeert als een emulgator, waardoor water en vettig vuil zich vermengen (zie pagina hiernaast). Het maakt het vuil glibberig waardoor het de greep op je huid verliest en wegspoelt.

Zeeploze zeep

Lang geleden ontdekten de Feniciërs dat er na het koken van een mengsel van geitenvet, water en as, nadat dat is verdampt, een harde, wasachtige zeep ontstond. Zeepmakers gebruiken nog steeds bijna hetzelfde recept.

Zeep is geweldig spul, maar heeft nadelen. Ze laat bijvoorbeeld sporen achter. Tijdens de Eerste Wereldoorlog konden de Duitsers geen vet het land binnenkrijgen om zeep te maken. Ze hadden iets nodig om de was te doen. Daarom vonden ze een 'zeeploze zeep' uit die gemaakt was van chemicaliën. Tot ieders verbazing werkte dit wasmiddel beter dan echte zeep. Er bleven geen sporen achter en het was bestand tegen de mineralen in het water. Tegenwoordig bevatten wasmiddelen extra ingrediënten, zoals chloor en enzymen, die de waskracht bevorderen.

IMPERIAL
POWDERED SOAP
and
LAUNDRY DETERGENT

Olie en water mengen

Hoe werken zeep en wasmiddelen? Doe deze proef en ontdek het.

Je hebt nodig:
- 2 kleine potten met goed afsluitbare deksels
- water
- rode voedselkleurstof
- bakolie
- vloeibare zeep of wasmiddel

1 Vul een pot met water. Voeg twee druppels rode voedselkleurstof toe en roer. Schenk de helft van de nu roze vloeistof over in de andere pot.

2 Vul beide potten met bakolie. Je ziet dat de vloeistoffen zich in twee lagen splitsen, met de olie bovenin.

3 Voeg aan één van de potten een beetje zeep of wasmiddel toe. Draai de deksels stevig dicht.

4 Schud beide potten ongeveer vijf seconden en zet ze weer neer. Wat zie je nu?

Als je de potten schudt, smakken de vloeistoffen tegen elkaar aan, net als botsautootjes op de kermis. In de pot zonder de zeep splitsen de olie en het water zich weer in een gele en roze laag. Maar in de andere pot laat de zeep dit niet gebeuren. Daar verandert alles in een schuimend oranje mengsel.

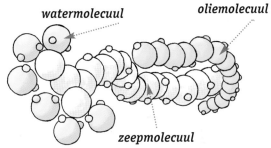

watermolecuul   oliemolecuul

zeepmolecuul

Olie- en watermoleculen glijden van elkaar af, maar zeepmoleculen hechten zich aan beide vast. Wanneer de moleculen zich mengen, grijpt de ene kant van de zeepmolecuul een water-molecuul vast en de andere kant een oliemolecuul. De twee vloeistoffen kunnen zo niet meer splitsen. Dit gebeurt ook wanneer je doucht of je kleren wast. De zeepmoleculen houden de vuildeeltjes vast en verdwijnen het afvoerputje in.

Modderbad

Iets smerigs doen om schoon te worden? Klinkt onlogisch, maar neushoorns, varkens en olifanten doen niet anders. Een goed modderbad verlost ze van teken en vlooien. Daarna, als de modder opdroogt, beschermt het de dieren tegen de hete zon.

Er zijn ook genoeg mensen die van modderbaden houden. Jaarlijks trekken hordes toeristen naar de Dode Zee om zich in te smeren met pikzwarte modder. Onder deze modderjas warmt het lichaam op en smelten kwaaltjes en pijntjes weg. Van Dode Zeemodder wordt beweerd dat hij acne, huidziektes en zelfs rimpels wegwerkt. Wat is de magische kracht? Een mineralenmengsel van veldspaat, kwarts, calciet en magnesium, natrium, bromide en zoutchlorine.

VLEKKEN - MONSTERS

Eiwitrijke plekken (zoals bloed, ei of melkvlekken) zijn moeilijk schoon te krijgen. Ze bestaan uit lange, in elkaar gestrengelde moleculaire kettingen. Om die los te weken, heb je een speciaal wasmiddel met enzymen nodig. Enzymen 'eten' vuile vlekken op dezelfde manier als enzymen in je maag je voedsel eten.

Troep onder je bed

Je staat versteld wat er voor troep onder je bed te vinden is. En dan hebben we het niet over snoepwikkels. Waar je ook woont, in iedere omgeving vind je vulkanisch as, tuinaarde, zeezout, auto-uitstoot, stukjes huid, vlooieneieren, vezelstukjes, korreltjes steen en zelfs zand uit Afrika. In een halve kubieke meter lucht zweven onder, boven en rondom je bed wel 500.000 dingen rond. Ook in jouw bed ligt van alles!

Hoe raakt Afrikaans zand in je slaapkamer verzeild? Korrelgrootte verschilt. De grootste korrel is ongeveer 2 mm. De gemiddelde zandkorrel wordt met een lichte bries de woestijn in gewaaid. Bij een botsing tegen iets zwaarders stuiteren ze de lucht in. De korrel maakt een rondedans met draaiingen van 1000 keer per seconden voordat hij weer terug de woestijn in stort. Komen korrels daarbij op kleinere zandkorrels terecht, dan worden die op hun beurt de lucht in geworpen. Op deze manier verplaatsten zich 100.000.000 ton minizandkorrels per jaar. Door de hete woestijnlucht wordt het zand tot wel 9 kilometer boven de zeespiegel getild. Het zweeft de wereld door en met een regenbui komt het op onze kleren, ons haar en soms dus ook onder je bed terecht.

Met al die hopen troep onder je bed, zijn er vanzelfsprekend ook troepverdelgers te vinden. In je bed wonen al miljoenen stofmijten. Je hoort en ziet ze niet, maar ze zijn overal. Onder de microscoop lijken het op achtpotige naakte krabben. Stofmijten eten geen stof; ze eten huidschilfers. Honger hoeven ze nooit te lijden. Bij iedere beweging die je namelijk maakt, verlies je duizenden huidschilfers. Hmm!

Modderpret

Overal ter wereld vinden kinderen het leuk om in de modder te spelen. Fietscrossen of BMX-racen is dan ook helemaal van deze tijd.

Het begon in Amerika als kinderversie van motorcrossen. Kinderen worden lid van een fietsclub en doen mee aan wedstrijden en landskampioenschappen. Fietscrossen is een gevaarlijke sport. Daarom dragen de deelnemers beschermende kleding. Het stuur en het frame van crossfietsen zijn bekleed met schuimrubber. De fietsers dragen racehelmen, beschermende brillen, elleboog- en kniebeschermers, schoenen met veters (andere schoenen gaan te gemakkelijk uit, wat gevaarlijk is) en racehandschoenen. Een beschermend pak is ook een goed idee.

Fietscrossers bereiken snelheden van maximaal 32 kilometer per uur. Onderweg moeten ze een aantal obstakels overwinnen, zoals wallen tot 2 meter hoog of drie hobbels achter elkaar, een 'whoop-de-doo' genoemd. Zijn de hobbels dicht bij elkaar, dan vliegen sommige crossers over alledrie tegelijk. Zo'n sprong noem je een 'bunny hop'. Zijn de hobbels niet zo hoog, dan rijden crossers er soms alleen op hun achterwiel overheen. Dit noem je een 'wheelie'. Maar de meeste crossers zijn geen waaghalzen.

Lekker vies

Klaar voor de start!

Je hebt geen officiële baan nodig om te kunnen crossfietsen. Maak samen met je vrienden een simpele versie op een blubberig stuk grond. Gebruik water en een schop om bobbels en drempels te maken. Maak ze niet te hoog, zodat je er veilig overheen kunt crossen. Zet met lege blikjes een parcours uit om te kunnen zigzaggen.

Of wat dacht je van een langzame race? Daarbij fiets je zo langzaam mogelijk zonder je voeten op de grond te zetten. De langzaamste fietser heeft gewonnen.

Blubbercake maken

Ooit zandtaartjes gemaakt? Bij dit recept gebruik je geen zand, maar wel iets heerlijk blubberigs. En het smaakt veel lekkerder. Laat je niet afschrikken door de hoeveelheid ingrediënten, het is net zo gemakkelijk als zandtaartjes maken.

Je hebt nodig:
- een langwerpige cakevorm
- bakvet of boter
- een grote mengkom
- 150 ml cacao
- 500 ml bloem
- 400 ml suiker
- 400 ml water
- 150 ml zachte boter
- 3 eieren
- 10 ml (2 tl.) oploskoffie
- 7 ml (1,5 tl.) zuiveringszout
- 2 ml (0,5 tl) bakpoeder
- 2 ml (0,5 tl.) vanille-extract
- 2 ml (0,5 tl.) zout
- een elektrische mixer

1 Verwarm de oven voor op 180 °C.

2 Vet de cakevorm in met bakvet of boter.

3 Doe alle ingrediënten in de mengkom.

4 Mix alles twee minuten.

5 Stort het mengsel in de cakevorm.

6 Bak 40 minuten.

Om de cake extra 'modderig' te maken bedek je hem met een laag gesmolten chocola. Decoreer hem daarna met dropjes.

11

AARDE LEEFT
Van dichtbij

Schep een handvol aarde en kijk er eens goed naar. Wrijf het fijn tussen je vingers. Hoe voelt het? Hoe ruikt het? Wat zie je? Aarde op één plek is vaak net een beetje anders dan aarde op een andere plek. Sommige aarde voelt stevig aan, terwijl hij tussen je vingers in een plakkerige pap verandert. Andere aarde is zo droog dat hij bijna opdwarrelt.

Aarde is zowel organisch (gemaakt van (ooit) levend materiaal)

als anorganisch (gemaakt van dood materiaal, zoals stukjes steen). De structuur van aarde of zand in een bepaald gebied hangt af van de planten en dieren die er leven. Maar ook van het klimaat en het gesteente onder de grond.

Heb je ooit rood of geel zand gezien? Of wat dacht je van blauw, bruin of zwart zand? De grond kan al die kleuren hebben, let maar eens goed

op. Is het rood, dan zit er ijzer in de rotsen onder de grond. Is het zand grijs of zelfs blauw, dan ben je in de buurt van moerassen. Is de aarde donkerbruin of zwart, begin dan meteen met planten. Dit is heel vruchtbare aarde, rijk aan humus. De beste aarde die er is bestaat voornamelijk uit humus. Dit is gemaakt van afval uit de natuur, zoals rottende bladeren, takjes, wortels en dode insecten. Zwammen, schimmels, bacteriën en wormen helpen van dit afval aarde te maken.

Maak de beste aarde ter wereld

Tuiniers weten dat planten het beste groeien in aarde met veel humus. Je kunt je eigen humus maken in een mini-compostbak.

Met warmte, bacteriën en organisch afval maak je een vruchtbaar mengsel voor je tuin. Wees niet bang voor stank. Volg je de instructies op, dan ruik je niks.

Je hebt nodig:
- een schoon en leeg melkkarton
- waterbestendig plakband
- een schaar
- groente- en fruitafval – geen vet of vlees
- een mes
- een lepel
- tuinaarde

1 Plak de opening van het karton dicht met plakband. Leg het pak op zijn kant.

2 Knip een luikje in de zijkant van het pak, zodat je met een lepel naar binnen kunt.

3 Snij het groente- en fruitafval in stukjes en bedek de bodem van het pak ermee.

4 Bedek met een dunne laag aarde en meng alles door elkaar.

5 Roer het mengsel elke dag goed door. Voeg per dag fruitafval en aarde toe tot de laag ongeveer 3 cm onder de bovenkant zit.

6 Blijf elke dag roeren. Voeg als het mengsel te droog wordt wat water bij. Na een paar weken heb je een doos vol donkere, vruchtbare humus.

Wat zit erin?

Grond **is niet door en door hetzelfde. Met deze proef kun je zien wat er in grond zit uit je tuin of buurt.**

Je hebt nodig:
- een paar handjes grond
- een grote glazen pot met afsluitbare deksel
- water

1 Doe de grond in de pot en vul hem met water.

2 Schud hem goed door elkaar en laat hem een paar dagen staan. Wat gebeurt er?

Nadat je de pot hebt geschud daalt de grond in laagjes neer. Bekijk de laagjes, het liefst met een vergrootglas. Hoeveel laagjes tel je? Als het goed is zitten ze in de volgende volgorde, met de steentjes op de bodem:

Humus: donkere, vochtige aarde die ontstaat wanneer voedsel, bladeren, takjes, wortels en insecten doodgaan en verrotten.

Klei: plakkerige, glibberige aarde bestaande uit heel fijne deeltjes kleiner dan 0,004 mm.

Slib: modder die bestaat uit kleine stukjes rots. De stukjes zijn tussen de 0,004 mm en 0,006 mm groot.

Zand: grotere deeltjes van 0,006 mm tot 2 mm groot.

Gruis: grotere, zichtbare stukjes steen.

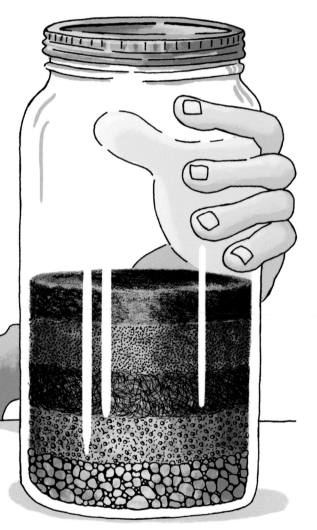

Uitgekeken op zandkleurig zand?

Zand komt in bijna alle kleuren voor. Het koraalkleurige zand van Bermuda is afkomstig van kalksteen, koraal en schelpdeeltjes. Het zwarte zand van Hawaï is afkomstig van gesmolten vulkaanrotsen, die afkoelden en met de bergstroompjes naar zee spoelden. Er ligt op de oceaanbodem zelfs groen zand – daarin zitten stukjes glauconiet.

Het zwarte vulkaanzand van Hawaï

OUD GESTEENTE

Waarschijnlijk bevindt zich in West Australië het oudste gesteente. Deskundigen vonden er kleine zirkoonkristallen ingeperst tussen zandsteen, waarvan ze beweren dat het al 4,4 miljard jaar oud is.

Hoe rotsen verweren

Maak je eigen Percé Rock. (Gebruik om tijd te winnen ijs.) Vries water in een taartbodem in. Houd de ijsplaat onder de kraan, zodat het water een uitholling maakt. Kijk wat er overblijft van de ijsplaat. Dit is wat water ook bij rotsen doet.

O, nophoudelijk over de hele wereld veranderen rotsen in zand. Dit proces heet verwering en om je heen zijn daar tekenen van te zien.

Rotssculpturen ontstaan door wind of water die steeds beetjes rots eraf wrijven, waardoor stofafval ontstaat. Bij Percé Rock in Quebec is door verpletterende golven een gat van 30 meter breed geslagen. Een snelstromende rivier is de oorzaak van de opzienbarende Grand Canyon.

Een rotssculptuur ontstaan door wind en golven

Kiezels op het strand zijn rotsen die bezig zijn zand te worden. Ze maken een belangrijk onderdeel uit van grond. Golven spelen met rotsen, zoals kleren in een droger, tot ze kapot breken en de ruwe randjes afgesleten raken.

Barsten laten rotsen ook uiteenvallen. Rotsen zetten uit door de hitte van de zon en krimpen 's nachts als de kou invalt. In die barsten bevriest water, waardoor ze uitzetten. Stukjes rots breken af en raken door wind en regen nog gehavender.

Vervolgens groeien er planten in de smalle rotsspleten, die de rots nog meer doen afbreken. Tussen deze rotsbrokjes groeien ook weer planten.

Lekker vies Schudden

Zoek brokjes steen en stop ze ergens in wat je kunt afsluiten met een deksel en schud. (Vraag hulp als dat nodig is.) Doe dit gedurende vijf minuten en open voorzichtig. Strijk met je vinger aan de binnenkant. Gefeliciteerd! Je hebt je eigen zand gemaakt. Bekijk de brokjes steen. Lijken de randjes stomper? Stel je voor wat er gebeurt als er op deze manier met stenen wordt gespeeld door de golven aan het strand. En dat duizenden jaren lang.

ROTSVAST

In jouw achtertuin ligt waarschijnlijk nog afval van gletsjers van miljoen jaar geleden. Gletsjers zijn langzaam voortbewegende dikke ijsplaten. Eeuwen geleden verplaatsten grote gletsjers zich over delen van Europa. Obstakels zoals rotsen werden met onverstoorbare kalmte platgewalst. Wind en water deden verder de rest, zodat heel kleine bacteriën en planten tot leven konden komen in rotsspleten. Zo wordt uiteindelijk grond gevormd. Soms duurt het 100 tot 10.000 jaar om 2 centimeter grond te krijgen uit rotsbrokstukken.

Afkalvend land

Het verschuiven van grond heet erosie. Door erosie verandert onze wereld. Soms worden fantastische aardvormen aangebracht door rivieren die de rotsen eroderen. Soms kan erosie dodelijk zijn, omdat ze rotsverplaatsingen, modderstromen en overstromingen veroorzaakt.

Water is een van de veroorzakers van erosie. Rivieren banen een weg door rotsen en over land, waarbij ze losse stenen en aarde verplaatsen. Dit wordt bezinksel genoemd. In snelstromend water blijft het bezinksel drijven, zoals kruiden in een saladedressing. Maar wordt het water afgeremd, bijvoorbeeld bij een rivierbocht of bij ondiep water, dan zakt het bezinksel en blijft het liggen. Bezinksel kan zich zo hoog ophopen dat in een vaarroute de boten er niet meer door kunnen.

Als het water niet meer kan stromen door het bezinksel hoopt het zich op. Dat samen met zware regen kan een ramp veroorzaken. Negen miljoen mensen vonden in de 19e eeuw de dood tijdens zo'n overstroming in China.

Ook wind is een veroorzaker van erosie. Gedurende de jaren dertig van de vorige eeuw sloegen krachtige zandstormen de vruchtbare aarde van de boerengrond los. Dit leidde tot een tiental jaren droogte die de *Dirty Thirties* worden genoemd. Die jaren strooide de wind zwarte wolken met aarde 8 kilometer de hoogte in over de prairie heen, soms zelfs helemaal naar zee. Boerderijen en schuren slibden dicht met zand. Er kon geen gewas meer groeien.

Mensen veroorzaken ook erosie. Grond die ooit vruchtbaar was, verandert in woestijn doordat mensen bomen omzagen voor huizen en brandstof. Hun vee graast nu op de restanten groen die zijn overgebleven. Daardoor komt de bovenlaag vrij en wordt zand gemakkelijk weggeblazen of weggespoeld. Zandvlagen en stof hebben er vrij spel.

Toch kan deze afkalving een halt worden geroepen. Door strekdammen te bouwen die het bezinksel vangen en daarmee riviererosie tegengaan. Door bomen, struiken en helmgras te planten waarmee het zand en de grond verstevigd wordt. Mensen kunnen op een bepaalde manier ploegen waardoor de aarde niet met de regen wegspoelt.

OEPS, DAAR VERDWIJNT WEER EEN PLATAAN

Op een dag in 1981 belde Rose Owen uit Florida (VS) in paniek de politie. Haar plataan werd opgeslokt in de grond. De politie kwam kijken. Een half zwembad was in de grond verdwenen. Een groot deel van de straat was weg. Wat was er gebeurd?

Het bleek dat gedurende een miljoen jaar water het kalksteen waarop dat deel van de stad was gebouwd had uitgehold. Daardoor was een grot ontstaan, die normaal gevuld was met water. Maar door aanhoudende droogte was het waterpeil gedaald. Hierdoor kon de grond de stad erboven niet meer dragen. De grond stortte in en nam een groot deel van de stad mee, waaronder ook de plataan van mevrouw Owen.

Vuiltje in je oog

Merk je ook dat je op een winderige dag vaak met je ogen knippert? Je ziet ze niet, maar heel kleine stofdeeltjes vliegen dan door de lucht. En – au – een dikke korrel landt in je ogen.

Die minuscule deeltjes, die kleiner zijn dan het stof onder je bed, zijn heel belangrijk. Zonder deze deeltjes zou er geen regen zijn. Waterdamp plakt zich vast aan deeltjes om tot regendruppel te groeien.

Mooie zonsondergangen danken hun bestaan aan die deeltjes. Zonlicht is opgebouwd uit alle regenboogkleuren. Iedere kleur heeft een eigen golflengte. Rood heeft de langste golflengte; purper de kortste. Als aan het einde van de dag de zon de horizon nadert, schijnt het zonlicht door de laagste stof- en luchtlaag heen, dicht bij het aardoppervlak. De korte-golflengte-kleuren, zoals blauw en purper, weerkaatsen op de stofdeeltjes waardoor de schemering inzet. De lange-golflengte-kleuren, zoals rood, dringen door de stofdeeltjes heen. Daardoor kleurt de zon helrood op.

Drijfzand!

Zand verplaatst zich steeds. Van het meest beweeglijke zand, drijfzand, geloof je misschien dat het alleen in films bestaat. Mooi niet. Drijfzand komt ook in het echt voor.

Droog zand kleeft samen. Nat zand wordt vloeibaar als water. Komt heel nat zand onder druk te staan – bijvoorbeeld omdat er een ondergronds stroompje is – dan wordt het drijfzand.

Mensen die in paniek raken in drijfzand, overleven het niet. Kom je in beweging in drijfzand, dan verslapt het even om je daarna nog vaster te zuigen. Probeer op drijfzand te gaan drijven door op je rug te gaan liggen en je armen voorzichtig te bewegen. Ga in rugslag naar vaste bodem.

Natuurlijke zandsculpturen

De eerstvolgende keer dat je de duinen oprent, zou je dit moeten weten. Duinen lijken heel stevig, maar een simpele voetafdruk kan al voor instorting zorgen.

Duinen ontstaan als sterke stromingen en windvlagen zand van de oceaanbodem of een meer op het strand verspreiden. De wind tilt het zand op en torst het mee tot het ergens mee in aanraking komt. Bijvoorbeeld drijfhout of gras. Het zand stapelt zich dan op. Gras groeit en verspreidt zich, waarbij het wortels de grond in plant. Worden de duinen echt hoog, dan zijn de graswortels heel kwetsbaar voor stormen, regen of mensenvoeten. Want het dan vrijgekomen zand kan verder landinwaarts worden geblazen. Op die manier hoopt het zich op in de bossen.

Daarom zijn er speciale toegangswegen naar stranden of staan er zandhekken om zandverspreiding te voorkomen.

21

Aardschok

De aarde onder je voeten lijkt misschien rotsvast, maar hij is voortdurend in beweging. Dat komt doordat de grond waarop we wonen – de aardkorst – niet één stevig deel vormt. Hij bestaat uit zeven enorme 'platen' die als ijsbergen aan de oppervlakte drijven. Deze platen verschuiven constant. Ze glijden over en onder elkaar langs en botsen soms tegen elkaar op.

Meestal bewegen de platen langzaam, ongeveer 2,5 cm tot 5 cm per jaar. Wanneer twee platen van elkaar weg schuiven, ontstaat er een spleet. Hete vloeibare rots, genaamd magma, borrelt door de opening op uit het binnenste van de aarde. Zo vormt er zich soms een lange rits vulkanen, meestal op de zeebodem. Sommige van deze onderzeese bergen stulpen boven de zeespiegel uit en vormen een eiland. IJsland is zo'n eiland.

Soms wrikt de ene plaat tegen een andere plaat aan. Je begrijpt, dan bouwt er zich een enorme spanning op. Tot uiteindelijk een aardbeving wat van de druk ontlaadt.

Platen botsen soms ook tegen elkaar op. Daarbij wordt de grond omhoog geduwd en vormen zich bergen. Dit gebeurt meestal heel langzaam. Het Himalayagebergte ontstond 25 miljoen jaar geleden en groeit nog steeds. Dat komt omdat de plaat waarop India rust tegen de Euraziatische plaat duwt.

Vanwege dit opwaartse geduw eindigt grond van de zeebodem soms op de bergtoppen. Bergbeklimmers hebben kalksteen gevonden boven op Mount Everest. Kalksteen is gemaakt van vermalen schelpen die ooit op de zeebodem lagen.

Diep spitten

Ooit naar het midden van de Aarde geprobeerd te graven? Hoe diep kwam je? Waarschijnlijk niet erg diep. Geologen lukt het zelfs niet om met geavanceerde apparatuur de aardkorst te doorboren.

Het diepste gat tot nu toe (in Noord-Rusland) kostte 20 jaar om te boren. Het gaat 12 kilometer diep de aardkorst in. Toch zullen wetenschappers snel de tweede aardlaag, de mantel, bereiken. Ze boren door de zeebodem, waar de aardkorst het dunst is. Daarbij gebruiken ze een boorpijp die 37 keer zo hoog is als de Eiffeltoren!

Zou je de Aarde door de helft snijden, dan zag je dit:

Korst 5-40 km

Mantel 2885 km

Buitenkern 2270 km

Binnenkern 1216 km

1. Korst: de aardkorst is maximaal 70 km dik. Hij ligt boven op de mantel en bestaat uit:
- bovenlaag aarde, waar de meeste planten en dieren leven;
- onderlaag aarde, opgebouwd uit mineralen;
- gesteente, waar olie en gas worden gevonden.

2. Mantel: de bovenste laag bestaat uit heet gesteente, waarvan een deel vloeibare magma. Wanneer magma uit een vulkaan stroomt, noem je het lava.

3. Kern: de vloeibare buitenkern en vaste binnenkern bestaan voornamelijk uit ijzer en nikkel, silicium en zwavel. Geologen schatten de temperatuur in de kern op 6000 °C.

Vast of niet?

Om te zien hoe een aardbeving ontstaat, wikkel je schuurpapier om twee blokjes hout. Spijker ze vast. (Let op je vingers!) Duw de blokjes tegen elkaar en probeer ze uit elkaar te schuiven. Net als het gesteente op de randen van de enorme platen van de Aarde, weerhoudt het schuurpapier de blokjes te verschuiven. Wanneer er te veel kracht op de blokjes komt te staan, schieten ze over elkaar heen. Net als de platen tijdens een aardbeving.

BEGRAVEN!
Sporen van vroeger

Het is lente en je bent in de tuin bezig. Met je schop stuit je op iets hards. Je graaft het op. Het lijkt op een scherf van een bloempot. Je laat het aan je ouders zien, maar die vinden het een stuk rommel.

Toch hoeft dat niet altijd te kloppen. Het zal je verbazen wat je in je eigen achtertuin kunt vinden. In 1989 deed een groep archeologen opgravingen in een tuin in Toronto, Canada. Dit nadat een klein meisje een potscherf had opgegraven. De potscherf bleek afkomstig te zijn uit een eeuwenoude inheemse pottenbakkerij.

Hoe komen spullen uit oude culturen onder de grond terecht? Stel je voor wat er met dat inheemse dorp kan zijn gebeurd. Misschien moesten de bewoners hun huizen verlaten vanwege een brand, droogte of oorlog. Uiteindelijk vergingen de huizen en werden ze bedekt met aarde, waarop bossen groeiden.

Het land kreeg door de eeuwen heen verschillende functies. Eerst werd het bewoond door de oorspronkelijke bevolking, daarna werd er door de Europese kolonisten een nederzetting geplaatst. Nog later werd op datzelfde stuk land misschien industrie bedreven. Weer later werden er appartementen op gebouwd. Telkens krijgt het land een nieuw doel. Het nieuwe bedekt het oude.

Archeologen zoeken naar tekenen van mogelijke vondsten onder de grond. Een ophoping van aarde kan betekenen dat er iets onder begraven ligt. Soms beschrijven oude boeken plaatsen die al lang niet meer bestaan.

Met dit soort aanwijzingen beginnen archeologen te graven. Eerst verdelen ze het gebied in kleine genummerde vierkanten. Elk vierkant wordt nauwkeurig met kleine schepjes omgespit. Soms gebruiken ze

zelfs theelepeltjes en tandenborstels, zodat ze niets waardevols breken. Ze verwijderen de bovenste laag aarde – meest al ongeveer 30 cm diep – en zeven de aarde. Alle voorwerpen die ze vinden worden gelabeld en gedocumenteerd.

Soms gieten archeologen een voorwerp in gips. Zo breekt het niet tijdens het vervoer.

Uit 'strata', of aardlagen, komen geheimen uit verschillende tijden uit het verleden aan het licht. Ook in je kamer vind je een soort strata. Kijk maar eens naar de bergen kleren en speelgoed in je kast. Bovenop liggen de kleren en spelletjes van vandaag. Graaf je wat dieper dan kom je misschien bij kleding en speelgoed die je voor je vorige verjaardag kreeg. Hoe dieper je graaft, hoe verder je teruggaat in de tijd. Dit gebeurt ook bij archeologische opgravingen.

Zodra voorwerpen zijn gevonden, bepalen archeologen hoe oud ze zijn. Ze plakken de potscherven aan elkaar om schalen en kopjes te reconstrueren. Soms herbouwen ze zelfs complete gebouwen en dorpen met het opgegraven materiaal. Vaak ontbreken helaas veel stukjes van de 'puzzel'.

Stofdetectives

Tombe van Zachariah, Jeruzalem

Vroeger hadden archeologen geluk als ze een waardevolle vondst deden, zoals een graftombe die nog niet was leeggeroofd. Ze toerden door een gebied en staken lange stalen staven in de grond. Stuitten ze daarbij op metaal, dan zat er iets onder de grond. Maar wat? Met een beetje geluk vonden ze na heel veel graafwerk een lege graftombe. Tegenwoordig gebruiken archeologen een soort ondergrondse radarapparatuur om tombes te zoeken. Daarna graven ze een gat en laten er een omgekeerde periscoop in zakken. Zo kunnen ze de tombe rondkijken en zien of een opgraving de moeite waard is.

Archeologen gebruiken ook vliegtuigen die zijn uitgerust met camera's. Gewassen die op ruïnes zijn geplant groeien minder snel dan andere gewassen. Op luchtfoto's zijn deze plekken goed zichtbaar.

Vuilnis onder je voeten

Stel je voor, de vuilnisman kwam een heel jaar niet langs, en de vuilnis stapelde zich op in de tuin en in de straat. Aan het eind van het jaar zou iedereen in huis 500 kilo afval – het gewicht van een olifant – hebben bijgedragen. Dat is een megaprobleem.

Vuilniswagens brengen het afval naar vuilstortplaatsen. Daar wordt het in enorme gaten gestort en bedekt met aarde. Na een tijd groeit de stortplaats uit tot een berg en worden er gras en bomen op geplant. Er zijn zelfs stortplaatsen omgedoopt tot kunstskibanen.

Dat klinkt heel goed, maar er is een probleem met de stortplaatsen. Mensen gooien, zonder erbij na te denken, gevaarlijke spullen in de vuilnisbak. Chloor en ammonia kunnen samen voor explosies zorgen en dodelijke gassen produceren. Bestanddelen van medicijnen, pesticiden en ovenreinigers kunnen in het grondwater terechtkomen en bronnen en drinkwatervoorraden vergiftigen. Daarbij komt dat de wereld steeds minder plek heeft voor vuilstortplaatsen.

Het is niet allemaal kommer en kwel. Je kunt helpen door papier, plastic en glas te recyclen. Of nog beter, gebruik minder papier en hergebruik plastic tassen. Maak een composthoop (zie pagina 13). Iedereen moet iets doen om de afvalberg te verkleinen. Fabrieken wisselen bijproducten uit – wat één bedrijf weggooit, kan een ander gebruiken als ruw materiaal. Intussen vult de wereld zich met steeds meer glasbakken.

BEGRAAF JE BOT!

Honden begraven hun bot, zodat andere dieren er niet bij kunnen. Ook houden de koele temperaturen onder de grond vlees rond het bot langer goed. Een bot begraven is als een bot in de koelkast zetten.

Verborgen schat?

Op het Canadese eiland Oak Island, bevindt zich een mysterieuze schacht, genaamd de Money Pit (geldput). Dit diepe gat zorgde de afgelopen 200 jaar voor veel overlast. Sommige mensen denken dat er een piratenschat op de bodem ligt. Maar niemand weet het zeker. Mensen gaven miljoenen uit om de schat te kunnen vinden en kwamen met lege handen thuis. Zes mannen kwamen om. Zodra iemand dicht bij de bodem komt, gaat het mis...

Het begon allemaal in 1795, toen Daniel McGinnis, een boer uit Nova Scotia, Canada, een lege plek ontdekte in een eikenbos. Er gingen al jaren geruchten dat piraten op Oak Island hun schatten verborgen. Behalve die lege plek midden in een dicht begroeid bos, zag Daniel een verlaagd stuk grond en vreemde inkervingen in de bast van een boom. Toen wist hij het zeker: hij had een schatkamer ontdekt.

Hij sjeesde naar zijn vrienden en ze begonnen te graven. Na het omhoog halen van een laag stenen, staarden ze opeens in een ondiepe schacht. Er kon maar één reden zijn waarom die er was – iemand had daaronder iets verborgen: een schat!

Ze klommen erin en gingen door met graven. Ze stuitten op een plaat van verrotte balken. Ze maakten die stuk en groeven door. Telkens wanneer ze dachten dat ze de schat hadden – paf! – knalden ze op hout. Iedere 3 meter hetzelfde liedje.

Op 27 meter diepte kwamen ze bij een laag houtskool, stopverf en kokosvezels. Wat deed een kokosnoot zo diep ondergronds? Toen knalden ze met hun schop op steen. Deze was bekrast met vreemde tekens. Was dit soms een geheime code? Ze wipten de steen omhoog, en opeens begon de put zich te vullen met water. Terwijl ze eruit klauterden stootten ze tegen iets hards dat nog dieper lag. Het voelde als een kist. Maar die hebben ze nooit te pakken gekregen. De volgende morgen stond de put vol zeewater.

Niemand wist hoe je de put kon legen, dus lag de Money Pit er 46 jaar lang stilletjes bij. Nieuwe schatgravers kwamen langs met een boor. Daarmee haalden ze alleen stukjes metaal omhoog. Nog geen gouden munt of robijn werd gevonden. Het mysterie van het water in de put is wel opgelost. Er lopen twee tunnels van de oceaan naar de put. Toen de schatgravers dieper groeven ging deze valstrik in werking. Met vloed stroomde er 4500 liter water per minuut binnen! Er waren nog meer trucs. De slimme piraten groeven tunnels die schuin omhoog liepen. Misschien ligt de schat daarin verborgen. Eén ding is duidelijk: iemand heeft heel veel moeite gedaan om iets te verstoppen.

Schatgravers groeven er wel veel spullen op, zoals porselein, koper en een 300 jaar oude Spaanse schaar. Er is zo veel gegraven dat de originele Money Pit is ingestort. Mensen zullen er blijven schatgraven.

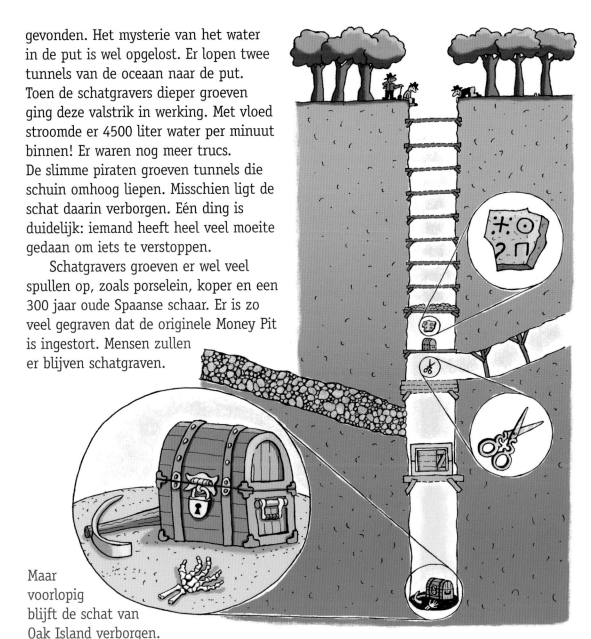

Maar voorlopig blijft de schat van Oak Island verborgen.

Bedolven stad

Gipsmodellen onthullen twee slachtoffers van Pompeii

Op 24 augustus in 79 na Chr. was er een uitbarsting van de Vesuvius, een tot dusver slapende vulkaan. De meesten van de 20.000 inwoners die aan de voet van deze berg woonden, konden niet op tijd vluchten. De vrijgekomen gassen vergiftigden hen en ze werden bedekt door een laag vulkanisch as. Dagenlang stroomde er hete lava en as uit de vulkaan. Na afloop waren de Romeinse steden Pompeii en Herculaneum bedolven onder 9 meter modder, as en lava.

Deze steden raakten in de vergetelheid. Zeventien eeuwen later werden er werklui door de koningin van Napels heen gestuurd. Ze was uit op de mooie beelden voor in de tuin, waarvan ze had gehoord dat die aan de voet van de Vesuvius te vinden waren. Inderdaad vonden de werklui de beelden. Ook een

De Romeinse stad Herculaneum

trap die naar een theater leidde. Honderden jaren graafwerk leverden een prachtige, goedgeconserveerde stad op.

Breng je een bezoek aan Pompeii, dan zie je precies wat zich die dag in augustus lang geleden afspeelde. Een varken wordt geroosterd, honden houden de wacht en mensen zijn weggekropen in een hoekje en beschermen met hun handen hun gezicht tegen de dodelijke gassen. Er is zelfs brood in een oven. Het dagelijkse stadsleven is op die manier bewaard gebleven.

Tegen de tijd dat Pompeii in Italië werd ontdekt, waren alle menselijke en dierlijke overblijfselen verteerd. De lege asomhulsels verrieden wat er ooit was geweest. Dit bracht de archeoloog Giuseppe Fiorelli op een idee. Hij goot gips in de omhulsels. Nadat het gips was opgedroogd, bleef er een perfect gipsmodel van de mensen over. Zelfs de gezichtsuitdrukkingen zijn nog te zien. Aan de angst op hun gezichten is af te lezen hoe verschrikkelijk deze vulkaanuitbarsting geweest moet zijn.

... en een bedolven leger

In 1974 deden archeologen een bijzondere vondst. Ze stuitten op een heel terracotta leger, nadat ze op het boerenland in de buurt van Xi'an gingen graven. Het geheel zat 'verstopt' onder gips, matten en houten balken. Het bleek het graf te zijn van de Eerste Keizer van China, Qin Shi Huangdi, die in 210 voor Chr. is overleden. De opgraving bestond uit ruim 7000 manshoge terracotta soldaten, vanbinnen hol. Ze staan in rijen opgesteld om de keizer naar zijn 'volgend leven' te begeleiden.

Dit leger is heel indrukwekkend. Alle beelden zijn met zorg vervaardigd. Elk heeft een andere gezichtsuitdrukking. De soldaten dragen echte uniformen en wapens uit die tijd. Paarden en strijdwagens – ook uit klei – completeren het geheel.

Oude afdrukken

INSECT IN KLEI

Het oudste gefossiliseerde insect ter wereld werd gevonden in kleisteen aan de noordkust van het Canadese schiereiland Gaspé. Hij behoort tot dezelfde familie als het zilvervisje en leefde 390 miljoen jaar geleden.

Modder is meer dan een blubberig mengsel van aarde en water dat een vies geluid maakt als je erdoorheen loopt. Het is een nuttig spulletje. Het conserveert planten en dieren die miljoenen jaren geleden leefden. Modder is vaak de eerste fase in het ontstaan van een fossiel.

Fossielen zijn de geconserveerde overblijfselen van planten en dieren. Soms wordt een heel dier – huid, tanden en botten – gefossiliseerd. Mensen vinden soms complete dieren uit de Oudheid in opgedroogde modder of teerpoelen. Maar meestal vinden ze alleen delen van een plant of dier.

Nadat een plant of dier sterft, raakt hij bedolven onder zand of modder. De zachte delen verteren, de schelpen of botten blijven over. Water sijpelt de kleinste gaatjes binnen van de schelp of het bot. Als het water opdroogt blijven er mineralen achter. Deze mineralen veranderen de schelp of het bot in steen.

Fossielen zijn overal, als je maar goed kijkt. Je vindt ze vaak in stenen tussen de rotsen aan de kust. Kijk ook eens goed naar stenen langs de kant van de weg. Wie weet vind je wel een voetafdruk van een mammoet van miljoenen jaren geleden.

Afdrukken maken

Stel, een groep prehistorische dieren stopt bij een rivier om te drinken en laat voetsporen achter in de modderige oever. Later bedekt een vulkanische stofregen deze voetsporen. Na een tijd verhardt de modder tot steen.

Miljoenen jaren later krijgen wetenschappers informatie over de grootte en leefgewoonten van de dieren die daar hun voetsporen achterlieten. Hier is een manier waarop je je eigen voetafdruk kunt vereeuwigen.

Je hebt nodig:
- een modderig plekje op een droge dag (je fossiel moet snel drogen!)
- waterbestendig plakband
- een lange strook karton van minstens 5 cm breed
- 250 ml water
- 500 ml pleistergips
- een schoon en leeg blikje
- een stok

1 Maak een duidelijke voetafdruk in de modder.

2 Plak de einden van het karton aan elkaar, zodat je een ovaal krijgt waarmee je je voetafdruk kunt omcirkelen.

3 Duw de kartonnen ring in de modder rond je afdruk, zodat je een mal hebt.

4 Meng met een stok water en pleistergips in het blikje tot het op pannenkoekbeslag lijkt.

5 Schenk het mengsel in je mal. Je moet een laag hebben van ongeveer 2,5 cm dik.

6 Laat het opdrogen. Dit duurt ongeveer een halve dag.

7 Trek het karton met het gips omhoog. Veeg voorzichtig alle vuil eraf. Je kunt ook afdrukken maken van voetsporen van dieren in de natuur.

Vieze huizen

De grond onder je voeten is een heel eigen wereld. Mollen graven er tunnels, holenuilen leven er in, mieren hollen het uit, wormen verteren het en bruine ratten rennen er door gangenstelsels.

• Charles Darwin zette bij wormen klassieke muziek op. Bij de hoge tonen aten ze en bij lage tonen wroetten ze in de grond. Hoe zouden ze reageren op rapmuziek? Wil je je nog meer verwonderen over de regenworm, ga dan naar de volgende pagina.

• Bruine ratten zijn slim. Komen ze vergiftigd eten tegen dan ontlopen ze dat – zelfs als het wordt verbloemd of verplaatst. Ze verstoppen zich onder een laagje vuil, sneeuw of bladeren. Op die manier ontlopen ze hun vijanden, zoals katten en vogels.

• Sommige mieren 'melken' luizen. De luis is een klein insect dat sappen uit planten zuigt om suikerwater te maken (zie onder). De mieren beschermen deze luizen en brengen de eitjes zelfs ondergronds. Waarom ze dat doen? Je raadt het al – voor het zoete drankje dat ze uit de luisjes 'melken'.

UIT DE HAND GELOPEN DUTJE

De Afrikaanse longvis is te vinden op de modderige bodems van moerassen en meren. Hij woelt door de zachte modder en ademt aan de oppervlakte. Bij droogte rolt de 2 meter lange longvis zich op, bedekt zich met slik en gaat slapen.
In de winter heet dit een winterslaap, maar het dure woord voor een zomerslaap is estivatie. De sliklaag rond het dier droogt op tot een harde schil.
Merkwaardig genoeg kan het dier wel vier jaar blijven leven in deze modderlaag, zonder eten of water. Wanneer het dan eindelijk begint te regenen, verslapt de modder en wekt het de longvis.

• Wangzakratten brengen het grootste deel van hun tijd in hun ondergrondse holen door. Zij trekken zelfs planten aan hun wortels hun holen in om op te eten of op te slaan voor de wintermaanden.

• Holenuilen leven meestal in woestijnachtige gebieden en zoeken beschutting in afgelegen holletjes. Over hun ogen zitten twee oogleden die als een soort ruitenwissers werken om zandkorrels uit de ogen te houden.

Lange vriend

Je tuin zou nergens zijn zonder regenwormen. Wormen zetten rottende planten en dieren om in vruchtbare mest. Ze graven gangen door de aarde, waardoor er lucht en water doorheen stroomt.

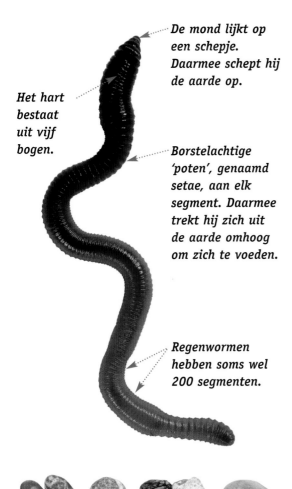

De mond lijkt op een schepje. Daarmee schept hij de aarde op.

Het hart bestaat uit vijf bogen.

Borstelachtige 'poten', genaamd setae, aan elk segment. Daarmee trekt hij zich uit de aarde omhoog om zich te voeden.

Regenwormen hebben soms wel 200 segmenten.

LAAAAAANG!

De langste regenworm ter wereld was 6,7 meter en werd gevonden in Zuid-Afrika.

Waar of niet?

Weet je iets over regenwormen? Doe deze quiz. (Antwoorden op pagina 46.)

1. Regenwormen zijn tweeslachtig en kunnen zich voortplanten zonder ooit een andere worm te ontmoeten.

2. Regenwormen ademen door speciale gaatjes in hun achtereinde.

3. Op één hectare land leven soms wel 23.000 regenwormen.

4. Als je een regenworm in tweeën snijdt, groeien er een nieuw hoofd en staart aan.

5. Regenwormen gaan in winterslaap.

6. Sommige regenwormen worden heel lang en maken een gorgelend geluid als ze bewegen.

7. Mensen dachten ooit dat er regenwormen uit de lucht vielen als het regende.

8. Regenwormen eten dagelijks hun gewicht op aan natuurlijk afval.

9. Een regenworm is moeilijk uit de aarde omhoog te trekken, doordat hij zich eraan vastplakt.

WORMEN SPEUREN

Wormen komen 's nachts naar boven, maar ze verdwijnen als je een zaklamp op ze richt. Bedek je zaklamp met rood cellofaan – wormen kunnen geen rood licht zien. En loop stilletjes – hoort een worm je lopen, dan trekt hij zich terug.

Tunnels en torens

Sommige dieren graven moeiteloos tunnels. Maar wanneer mensen tunnels boren, gaat daar een hele planning aan vooraf. Ingenieurs ontwerpen de tunnels. Geologen onderzoeken de grond en beslissen waar en hoe er wordt gegraven. Dan begint het graafwerk.

Werklui graven een schacht in de grond. Dit verschaft alle werklui en machines toegang. Twee werkteams graven in tegengestelde richting naar elkaar toe. Zo zijn ze sneller klaar.

Bulldozers en shovels graven de modder weg. Vaak worden lange tunnels gegraven met een schild. Dit is een grote hydraulisch aangedreven plaat die door de aarde graaft. Treinkarretjes rijden af en aan om afval en puin uit de tunnel weg te halen.

De werklui verstevigen het dak en de wanden met stukken gebogen staal, de ribben. Om instorting te voorkomen wordt de tunnel soms bekleed met een laag beton. Lange bouten worden door het dak geboord, zodat het goed vast blijft zitten aan de rots erboven.

Toptunnels

• De langste aaneengesloten metrotunnel is in Moskou. Hij is 31 km lang.

• De tunnel onder het Kanaal tussen Engeland en Frankrijk is 50 km lang. Er werd 8.000.000 m³ aarde weggehaald. Dat is drie keer de inhoud van de Grote Piramide in Egypte.

• De hoogste, breedste tunnel – 23 m breed en 17 m hoog – is bij San Francisco, VS. Jaarlijks rijden meer dan 80 miljoen auto's, vrachtauto's en bussen door deze dubbeldekse tunnel heen.

Van onderen!

De toren van Pisa in Italië helde voorheen elk jaar een beetje verder. Architecten waren bang dat hij op een dag zou omvallen.

Ingenieurs probeerden vaak om de toren weer wat rechter te krijgen, maar dit lukte nooit. Tot ze in 1999 wat grond onder de hoge kant wegnamen. Het werkte! De toren ging rechter staan. Maar ze willen hem niet meer dan 10% rechter zetten. De toren staat daarmee de komende honderden jaren weer stevig, zonder dat hij zijn unieke scheve uiterlijk verliest.

Toen de toren in 1174 werd gebouwd, wisten bouwers nog weinig af van grond.

Ze bouwden de toren op een zanderige laag die aan de ene kant zachter was dan aan de andere. Aan de zachte kant zakte de toren steeds dieper weg.

Tegenwoordig boren ze op verschillende dieptes en op verschillende plekken in de grond. Daarna bepalen ze hoeveel gewicht de grondlaag kan dragen. Rotsen, klei en zand kunnen verschillende gewichten dragen. Vaak bouwen ze een brede fundering om het gewicht van de toren te verdelen.

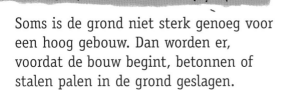

Soms is de grond niet sterk genoeg voor een hoog gebouw. Dan worden er, voordat de bouw begint, betonnen of stalen palen in de grond geslagen.

Een enorme termietenheuvel

Huizen van klei

Mensen zoeken altijd naar goedkope en handige materialen om huizen te bouwen. Wat is goedkoper en handiger dan klei?

Het idee om te bouwen met klei namen mensen over van de dieren. Op de vlaktes van Afrika en Australië zie je overal kleien termietenheuvels. Sommige zo hoog als een schuur. Er zijn vogelsoorten die modder gebruiken als cement voor

Een beverburcht vol modder

een stevig nest van twijgjes en bladeren. Bevers maken hun burchten met behulp van modder water- en weersbestendig.

Door een woning uit te graven in de zijkant van een heuvel, blijft je huis warm in de winter en koel in de zomer. De aarde vormt een isolerende laag om het huis. Andere mensen bedekken hun dak met aarde en planten er gras op. Gras is een heel goed dakmateriaal. Het is regenbestendig en het houdt de temperatuur constant. Wat doen de bewoners als het dak gaat groeien? Heel simpel, ze nemen een geit.

Afrikanen en indianen uit het zuiden van de VS bouwen ook met klei. Zij mengen modder met gras en stro.

Dit materiaal, adobe, wordt nat aangebracht op een frame van stokken. Je kunt het ook in allerlei vormen kneden en in de zon laten drogen tot het hard is. In het Midden-Oosten zijn adobehuizen gevonden van meer dan 10.000 jaar oud.

Tegenwoordig gebruiken we een moderne versie van adobe: baksteen. Een bakstenen huis is weerbestendig en laat geen regen of sneeuw door. En het is stevig. Laat de grote boze wolf maar komen!

AANMODDEREN IN DE TUIN
Planten zonder poeha

Heb je ooit een zelfgekweekte tomaat geproefd of een vlinder achternagezeten? Dat is alleen voor plattelandskinderen, toch? Echt niet. Heb je aarde, dan is een tuintje met groenten en bloemen in potten zó aangelegd, zelfs in de stad. Hier zijn drie grappige manieren om wat groen in je leven te krijgen.

Comfortabele cactus

Niets is makkelijker dan een cactustuintje. Cactussen willen genegeerd worden! Vul een ondiepe pot met zanderige aarde. (Misschien heb je ooit zelf een plantenpot gemaakt.) Plant verschillende cactussen. Je hebt harige cactussen. Cactussen die op komkommers lijken, en bolvormige

cactussen zó uit de woestijn. Zet de pot op een zonnig plekje in het raam. Niet te veel water geven! In het voorjaar en de zomer alleen water geven wanneer de bovenste 2,5 cm aardelaag droog is. In de winter zet je hem op een koel, zonnig plekje en bewater je hem eens per twee maanden. Comfortabeler kan niet!

Wildboeket

Verzamel zaadjes van kruiden en wilde bloemen in de natuur. Prik voor waterafvoer kleine gaatjes aan de onderkant in een leeg melkpak of blikje en vul het met aarde. Strooi je zaadjes uit en bedek ze met een laagje aarde. Begiet het met water. Wie weet wat voor mooie bloemen er straks omhoogschieten.

Geel!

Heb je een tuin? Plant dan een paar zonnebloempitten op een zonnige plek. Dit trekt niet alleen veel vogels, na de zomer heb je heerlijke zaden om te roosteren. Geef al je vrienden pitten en doe een wedstrijdje wie de hoogste zonnebloem kweekt.

Regenwoud achter glas

Regenwouden moeten het hebben van warmte en regen. Wil je een miniatuurversie maken, dan heb je een grote glazen pot met een brede opening nodig. Een aquarium met een glazen afdekplaat is ook goed. Leg op de bodem een schone kiezellaag met houtskool (stukjes uit de haard of het kampvuur). Bedek dit met een laag aarde of compost. Plant er vervolgens vier kleine tropische plantjes, zoals mossoorten, varens, bladurn of vlijtig liesjes. Deze minivarianten zijn verkrijgbaar bij tuincentra. Schenk er water bij, doe het deksel erop en plaats je miniregenwoud op een zonnige plek. En de verrassing is dat er de volgende maanden geen water meer bij hoeft. Weet je ook waarom niet?
(Zie pagina 46.)

Natuurlijk groeien

Als je in een appel of wortel bijt, denk je echt niet meteen aan giftige stoffen die je misschien binnenkrijgt. Boeren gebruiken chemicaliën om hun gewassen te laten groeien en te beschermen tegen insecten. Telers behandelen hun groenten en fruit soms met middelen die ze langer vers houden. Appels en komkommers glimmen niet als ze geplukt worden – dat is de was die je eet!

Sommige mensen eten alleen voedsel dat zonder chemicaliën is gekweekt. Ze willen er best meer voor betalen. Biologische producten zijn duurder omdat het meer kost om ze te kweken en verkopen. Fruit en groenten zien er soms niet perfect uit. Maar volgens sommigen smaakt biologisch eten beter en is het beter voor de natuur.

Hoe gaan biologische boeren te werk? Ze gebruiken compost en mest in plaats van kunstmest. Ze bestrijden insecten met andere insecten. (Een insect dat van een gewas eet, is vaak weer een maaltje voor ander insect.) Boeren gebruiken soms ook bloemen om insecten te weren. De geur van afrikaantjes bijvoorbeeld, vinden sommige insecten en diertjes zo vies dat ze gewassen in de buurt met rust laten. En de boeren zorgen ervoor dat de grond rijk aan mineralen en voedings-middelen blijft. Dit doen ze door elk seizoen van gewas te wisselen. Erwten en bonen stoppen mineralen in de grond, tarwe en gerst slokken mineralen juist op.

Meer biologische producten in de supermarkt, betekent lagere prijzen. Daardoor zullen misschien steeds meer mensen ze gaan kopen.

Groeistekkie

Zoek je een stekje waar je tot rust kunt komen? Waarom laat je er niet een groeien? Binnen twee maanden heb je een bladrijk en eetbaar huisje van stokbonen. Koop je zaadjes van roodbloeiende pronkbonen, dan trek je vast veel vogels aan.

Je hebt nodig:
- een open plek in de tuin met goede aarde
- 6 stokken van elk 2 m lang
- sterk touw
- bonenzaadjes

1 Plaats de stokken in een cirkel en duw ze de grond in. Bind (met hulp van een vriend) de uiteinden van de stokken bij elkaar met een sterk stuk touw.

2 Bind touwtjes tussen alle stokken, waarlangs de plant kan groeien. Hou één kant open waardoor je naar binnen kunt.

3 Plant drie of vier zaadjes aan de voet van elke stok. Bedek ze met ongeveer 2,5 cm aarde.

4 Geef de zaadjes en plantjes regelmatig water. De ranken zullen groeien en zich rond het frame slingeren. Kruip je erin, zie je alles zonder gezien te worden.

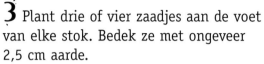

Antwoorden

'Lange vriend' (pagina 37)

1. Niet waar. Regenwormen zijn tweeslachtig, maar voor de voortplanting moet er toch gepaard worden. Ze wisselen sperma uit waarna ze zich gezamenlijk in slijm omhullen. Op die manier bevruchten ze elkaars eitjes die opharden zodra ze uit het slijm wegkruipen. Het kan 30 tot 100 dagen duren voordat er wormjonkies geboren worden.

2. Niet waar. Regenwormen ademen, zolang ze vochtig blijven, door hun huid.

3. Waar. In goede grond vind je soms zelfs meer.

4. Niet waar. Wetenschappers weten dat een worm die afgesneden wordt bij een kopsegment een grotere kans heeft aan te groeien dan de worm die zijn staart moet missen.

5. Waar. Ze graven tot onder de vorstgrens en luieren de winter door.

6. Waar. De vier meter lange regenwormen in Australië glijden ondergronds en maken een geluid alsof een bad leegloopt.

7. Waar. Na zware regenval vullen holletjes zich op met water en glijden wormen naar de oppervlakte toe. Door dit natte uiterlijk trokken mensen ooit de verkeerde conclusie en dachten dat ze uit de lucht vielen.

8. Waar. Ze verteren organisch materiaal (verteerde planten en dieren) en ontdoen zich er weer van.

9. Niet waar. Het zijn de borstelachtige pootjes waarmee hij zich vasthoudt aan de grond.

'Het regenwoud achter glas' (pagina 43)

Als het goed is creëer je een miniwatercyclus in je pot. De wortels nemen vocht op en de bladen geven vocht af in de lucht. Dit verzamelt zich op het deksel en valt als 'regen' op de planten neer.

Lastige woorden

Archeoloog: wetenschapper die zich verdiept in hoe mensen vroeger leefden.

Bacterie: heel klein organisme. Sommige veroorzaken ziekten, andere zorgen voor verrotting. Er is ook een werkzame bacterie, die zit in yoghurt.

Biologisch voedsel: eten dat zonder chemicaliën wordt gekweekt.

Emulgator: een stof die ingrediënten samenbrengt en ze mengt. Zeep bijvoorbeeld is een emulgator waardoor olie en watermoleculen mixen.

Erosie: veranderingen aangebracht door natuurlijke elementen, zoals wind en water, die rivieroevers en bergen beïnvloeden.

Estivatie: soort winterslaap, maar dan tijdens een heet seizoen.

Geoloog: wetenschapper die zich verdiept in hoe de aardkorst is opgemaakt.

Humus: een onderdeel van aarde dat gevormd wordt door verteerde planten en dieren.

Inheems: niet elders voorkomend; oorspronkelijk of authentiek.

Magma: vloeibare rotsen onder de aardkorst.

Mineralen: het basisonderdeel van een rots.

Moleculen: het kleinste deeltje waaruit alles is opgebouwd.

Parasiet: planten of dieren die om te overleven op andere planten of dieren leven.

Verteren: het natuurlijke verrottingsproces van mens, dier en plant.

Verweren: de natuurlijke manier waardoor rotsen zand worden.

Register